RHYMES 'N REASONS

DONALD CAMPBELL

23 Livingstone Place Edinburgh EH9 1PD
Scotland
1972

M · P · Friel (D)

Published with the support of
The Scottish Arts Council

SBN 903065 04 5

Cover illustration and design
by G. Gordon Wright.

Printed in Scotland by
Macdonald Printers (Edinburgh) Limited
Edgefield Road, Loanhead, Midlothian

4984   C
(28·11·87)

CONTENTS

ACKNOWLEDGMENTS
Some of these poems have already appeared
in *Akros, Catalyst, The Chapman* and *Scotia.*

INTRODUCTION

AFTER THE DEATH of Burns, the practice of Scots poetry fell into a slough of mawkish sentimentality, banal moralising and cheap facetiousness, from which it has barely begun to emerge. Up to fifty years ago, and earlier, the impulse to write Scots verse was astonishingly widespread. Every town and village had its local versifiers, and every local newspaper devoted a column or more in every issue to their effusions. In all this tremendous output, there was scarcely a single poem of any merit to be found. Nevertheless, the production of such verse met a felt want among the people, and served a purpose in keeping the Scots language alive, on no matter how lowly a level as a literary medium.

The trouble was, that the outpourings of all these post-Burnsian local poets were as like each other as so many split peas. Even worse, was the fact that they were steeped in nostalgia for a rural Arcadia which had no relevance to any condition of life that ever prevailed in Scotland, and that they totally ignored the changes the Industrial Revolution had brought about and the great social and political problems by which Scotland was beset.

In these conditions there was, of course, no recognition of the fact that in the fifteenth and sixteenth centuries great poetry had been written in Scots, by makars of the calibre of William Dunbar, Robert Henryson and others. Our poetry, like other elements in our national life, had been cut away from its real roots and confined to a starveling rôle.

In the early twenties of the present century a few poets launched a movement to restore Scots to its pristine dignity. Since then, there has been a tremendous output of verse in various forms of Scots aimed at higher levels of achievement than any attempted by the Kailyaird versifiers, and a remarkable measure of success has attended this effort—so much so, that various anthologists claim that the past half century counts as one of the richest periods in the entire millennial history of Scots poetry. To essay to write "high poetry" in Scots after a lapse of centuries was no easy matter. It called for a knowledge of the whole range and potentialities of the Scots language, and a degree of intellectuality, by no means to be generally found, so it is not surprising that, while a few contemporary Scots poets have emulated the best of their medieval predecessors, and shown at the same time an adequate appreciation of the achievements and problems of modern life, the majority have been content to occupy a humbler rôle. After all, to raise a wave to a maximum crest in the ocean requires all the weight of the ocean's waters, and, in the same way, a large number of mediocre versifiers are required if here and there one or two are to rise above the ruck. The practice of poetry is its own reward and can serve good purposes for a "little clan" of readers, or a merely local community, even when it merely jogs along in some established rut and does not attempt to scale any heights.

The vast mass of bad poetry since Burns (and not only in Scotland but everywhere) is characterised by emotion without intellect, fancy without imagination, banal moralising, or chortling "wut." There are today in Scotland, however, many poets who are in one way or another transcending these faults and taking advantage of the increased teaching of Scottish Literature in our schools and colleges, availability of cheap editions of our classics, and an increasing concern with the question of the language itself.

Some of these poets have written in no particular dialect, but in a Scots concocted by a synthesis of all the dialects, and enriched by a large number of words now obsolete on the lips of our people but found in the old Makars or in the Scottish National Dictionary.

A recent essayist in an American journal says that the presence of these queer words had an effect similar to the fashion in which Pope's verse was made majestic by the poeticisms that denoted a classical decorum. Thus Lallans was an exercise in pride; it involved a self-inflicted attempt to bring forgotten words to life, to coax up Lallans from the depths of the dictionary. "The queer words made mischief and mystery. They also lent dignity and distance. They separated the Scottish reader from England by forcing an immersion in the archives of his own separate language. They were a means of pouring contempt on what was familiar to the mass public with its Burns' suppers and its football, and on the cosiness of the 'pseudo-pastoral' Kailyaird school and their successors."

Lallans rescued the reader from the Kailyaird: Pope's grand words had rescued the reader from a comparable meanness. It was both colloquial and arcane. It was both ancient and modern, with its recourse to the past and its simultaneous concern with what was new and progressive. It was both an instrument of nationalism, and an engine of the international avante-garde.

That achievement is modestly but surely reflected in Mr Donald Campbell's poems. They show no excess of "dictionary dredging" or international references, but in their directness of statement and tautness of form they show that Mr Campbell has profited by the lessons the pioneers of the Scottish Renaissance Movement have inculcated, and that in him we have a writer able to rise above the ruck and carry the Scots language with him, not only in his themes but in his treatment of them, as in the very moderate Scots he uses. Mr Campbell is a poet (in the late T. S. Eliot's phrase) "alive in his own time" and responding to its creative and social needs. This is an excellent first book and should be the forerunner of a notable body of work which will further fortify the new and still embattled position of Scottish Literature.

HUGH MACDIARMID.

AUTHOR'S NOTES

ANDRO MELVILLE. Melville, a relentless enemy of James the VI and I, fought to assert that the state had no jurisdiction over the spiritual life of the community. Greatly loved by the common people, he was affectionately known as "Maister Andro." He was also a gifted scholar and linguist who was the first to introduce the teaching of oriental languages in Scottish Universities.

ELEGIE FOR VLADIMIR. Shortly before the Soviet poet Vladimir Maya-kovsky committed suicide in 1930, he wrote. that for the sake of International Communism, he had set "my heel in the throat of my own song." "Boris" in my poem is, of course, Pasternak and the quotation from Stalin is quite genuine.

MAN O KERIOTH. It is a common theory among theologians that the name "Iscariot" originally meant "Man of Kerioth." "Springvalley" is a reference to my address in Edinburgh.

THO AA THE STREETS ARE SILENT

Tho aa the streets are silent
 an the close-mooths aa shut ticht
  tho the kirk-bell dings nae blessin
   an the dawnin sheds puir licht
are the streets aye aa that silent
     that I cannae hear ye richt?

Tho aa the streets are silent
 an the hooses timm an quaet
  tho the schule-bairns arenae singan
   as they rin through the schule-gate
are the streets aye aa that silent
     that I cannae hear ye yet?

Tho aa the streets are silent
 an the traffic maks nae noise
  tho the shops are shut an shuttert
   an the howffs hae tint their joys
are the streets aye aa that silent
     that I cannae hear yer voice?

Tho aa the streets are silent
 an this toun seems haurd an bleak
  tho the fowk gang saft an silent
   there's a lowe ablow the reek
For the streets are aye that silent
     ye can hear me when I speak.

MONDAY MORNIN MASSACRE

At the hinter-end o nicht the dream
taks its daith as the licht drives
roads an narra gutters intil the smore
o the reluctant daurk.
                    A clean daith
an untidy birth, a cauld an uncannie
certaintie.

Waukenan wud as a duff computer
the man rises through
faulds an waves o mind-cloggan efter-birth
trauchles tae set illusion straight
wi memorie, fechts tae balance
his body's desirin wi the thrawn
conviction o his mind's responsibilities.

For it's haurd.
This clean new day in turn gies birth
tae clean new worries, fearful possibilities.
The man has sma time tae mind
owre muckle o whit his datchie hert
was thinkan o back there in the daurk
        (Yet dreams anaa are wrocht o possibilities
          chances missed, abilities wastit
          the forfochen yearnans o an owre-blate hert)

Mindfu o this, the man minds anaa
that a man cannae live on unmindit dreams
His virr an his smeddum jist cannae be kenless
He maun tak whit's laid oot for him
be thankfu, be gratefu
          an settle for that.

An sae he binds the noose, pulls ticht
the knot that opens aince mair the dream-brakkin cage.
An for aa that the evidence has been timmed oot
for aa that the alibis hae been set up
for aa that he's buskit braw in a spang-new
breistplate o his ain designan
for aa that an aa that
as he turns wi a sough tae the door o his darg
the blin unnoticed haun
that raxes oot an turns the haunle
is filled wi the bluid
o a murdert dream.

SAUT O THE EARTH

Coorsent bi clairt an frozen wi ignorance
their een are bricht wi a queer kin o innocence

Dosey in drink an daft in their insolence
they never mak bauld o the fact o their competence

They'll fecht for their richts wi an angry malevolence
yet gie ye their lot wi a reuch-like benevolence

They'll skyve aff their wark wi the zeal o true militants
—syne argue for overtime wi a hert-rendin eloquence

They've politics nane but mak oot it's expedience
gars them gang tae the polls wi a donnert obedience

Sweitan for wages, for succour an sustenance
humanitie's gloweran frae ilk raucle countenance.

KEELIE

For aa that I hae siller in my pocket
I am aye puir

For aa that I hae virr in my body
I am aye weak and wabbit

For aa that my table is laid wi fowth o nourishment
I aye hunger

For aa that my claes are shairp an made-tae-meesure
I am aye bare nakit

An for aa that I am ignorant, daft an donnert
I am aye wonderan aboot aa thae things
—*an am whiles feart*

FOWER EMBRO TRYSTS

I *Gorgie Road—Autumn*

Comin oot o the Moat Bar wi stubble on my face
an rain pooran oot pints intil my hert, I haud
limb-wearie for the Grand Canyon o Gorgie Road
feart til daith til meet ye on this orra
autumn day.

Aa is smoke. Hauf-shut yer een
an ye'd think the haill toun wes burnan.

Frae a sichtless windae
some lang neb slopes
owre the sill tae snipe
ane painless fraction
o my clairtie, rain-soured
bein.

I catch the bullet in my teeth
an coorie doun fast, rinnan
like Hell for Haymarket
                an salvation.

II *Princes Street—Winter*

Thrang wi snaw, the cauld scores
the bluid o this auld toun as I come
(refugee-like) owre the plainstanes
o this tunnel—burstin tae meet ye
on this blearie winter's nicht.

The castle coories back
in frae the drizzle o clairty licht
that kythes through chunteran buses
an the sexless glower that gawps
frae the shimmeran glaze o alabaster
ghaists. On a bed o stane
the gairdens sleep, ill-happit, unkent
their puirtith sib
tae the wartime deid.

Somewhaur in my heid, a trumpet hits
a high C. Warmth, I jalouse
is expectan me at Binns.

12

III *Morningside—Spring*

Leaving the *Reid Shoes* wi coffee on my tie
an hung-owre sleep smoran my face in a skin
o clairt, I turn (airgh an moody) tae sclim
the mountain o Kirkhill, on the sweirt
an sullen road tae meet ye on this close
an clammy Spring mornin.

Kirkhill ahint, I hit the braid range
o Bruntsfield wi a groan as cairdboard cowboys
(keepit in sen Christmas)
gar me rin the gauntlet on the lang trail
through the Meedies tae sanity
an civilisation.

Wi war-hoops ringan in my ears
an riddlit near tae daith wi paper caps
I think wi relief o the music
I'll hae tae face at Greyfriars Bobby.

IV *Royal Mile—Summer*

Hame frae Lunnon on the midday train
lashan wi the sweit o the impatient
I hurry up the stey brae o the Mound
happie in my hert tae meet ye
on this cantie Summer's evenin.

The auld gray Mile is gay an gallus
wi bare-leggit lassies clackan owre
thae time-worn stanes. The howffs are thrang,
an music's birlan through the citie.
Loupan-fu, I rin wi ilk braith demandin
Again . . . dae it again . . . dae it again.

Somewhaur in the Cougait, a man
cracks a bar an I, catchan it on the wind
lauch anaa. Cauld an dule are aiblins
roun the corner—but for this bonnie moment
never mind!

13

TYNECASTLE

I never get doun tae Tynecastle thae days
It's a guid lang while nou sen I've been
I never get doun tae Tynecastle thae days
—tho they're sayin they hae a guid team
    But the team that I mind
    is the team o langsyne
when we swept aa the prizes awa
    an the boys in maroon
    were the pride o the toun
the best lads that e'er kicked a baw!
I'm thinking o Parker an Broun an Big Tam . . .
Aw, the thousands that cheered them aa on!
An my thochts haud them yet
    for I'll never forget
        My Bauld
           an My Wardhaugh
           an My Conn.

AMNESIA

I dinnae mind much—jist
             the weel-kent face
in the pub mirror—an eemage
o celluloid loupan
             intil the snod
privacy
      o my ain wee Friday nicht.

Aw he was braw! Guid-luikan anaa!
But dinnae ask me his name or whaur
he came frae—staunan at the bar
I kent him weel—he was weel-kent
                  that's aa.

I wantit tae touch him, jist
            step up an lay
my haun on the neive o his jaicket
I didnae mean
         tae grup his thrapple
I didnae mean
         tae kick his heid in.

I tellt ye—I dinnae mind much.

"See me? I've been aa owre
focht a wheen o rammies
in ilka port an toun I've been
Won them aa anaa
Left the buggers for deid.

An weemin? Losh man aye!
Seeven times seeven score!
Aa cantie craturs tae
Douce an breem, reid-heided
ilka shade o blonde, broun, black
(e'en a puckle lyart!)
Aa colours I've taen
afore the day.

I was a miner aince
an I've sailed the sea, sodgert in Africa
wi thon coorse deil Schramme.
I've sclimmed mountains, robbed banks
but here . . .
          . . . D'ye no ken wha I am?

Aweel, gin ye dinnae, ye dinnae.
I'd hae thocht—aw never mind!
Awa, awa ye gang!
Lea me my lane!
              I've seen aff a dose
o your kind!

But here, here, haud on—jist bide a wee!
An dinnae tak ony notice o whit I say!
I've aye been gallus, ken? It's jist my way!
Eh—ye widnae—eh—ye widnae—eh, hae tuppence wid ye?
                        For a cup o tea?"

TWA VOICES O A WINO

Cauld the wind in the lift the nicht
Cauld the wind
Cauld the wind
Wersh an weet the rain

> Whaur d'ye think ye're gaun, ye dottle?
> or dae ye jist trauchle on sen trauchle
> 's aa ye ken? Happit in rags, nae siller
> for the model . . .

No got the siller
No got the siller
No seen a fiver sen I dinnae ken when

> A fiver? Jings, ye've no seen wan an six!
> See there? In thae hooses? Fowk bide there,
> grushie an snod in their beds up thon stair . . .

Grushie an snod
Grushie an snod
Wark til gae til in the morin

> Aye, it's no lang syne you were like that!
> No lang syne. Ye had a job a family a hame.
> God man, think whit ye had afore the wine . . .

The wine
The wine
an syne it'll be the jake

> Why will ye no jist pit it by?
> For Christ's sake stert again!
> Why o why man, why no try
> tae wark yer darg like ither men?

Cauld the wind in the lift the nicht
Cauld the wind
Cauld the wind
Wersh an weet the rain

LOWSAN-TIME BLUES

Gie me a rhyme an I'll gie ye a reason
Gie me a time an I'll gie ye a season
Gie me a *kyrie* an I'll gar him *eleison*
              at the end o the warkan day.

Gie me yer sister an I'll gie ye my brither
Gie me a twister an I'll gie ye anither
Gie me a bottle an we'll drink it thegither
              at the end o the warkan day.

Gie me a swack yin an I'll gie ye a deid yin
Gie me a black yin an I'll gie ye a reid yin
Gie me a gaffer an I'll batter his heid in
              at the end o the warkan day.

Gie me yer tears an I'll gie ye my laughter
Gie me yer fears an I'll gie ye mine after
Gie me haurd wards an I'll soon mak them safter
              at the end o the warkan day.

Gie me a Tuesday an I'll gie ye a Sunday
Gie me a blues day an I'll gie ye a fun day
Gie me a fiver an I'll see ye on Monday
              at the end o the warkan day.

SELF-PORTRAIT

Daft on wards an saft on passion
O aa men born the craziest
Nae wark's owre licht for him tae thole
A shiftless soul, the laziest.
Let ony gainsay it gin they can
Daun Cammel's a maist byordnar man!

Cauld in the sun an het in the snaw
At odds wi ilka time an season
Makin siller's nae guid at aa
Poems hae mair rhyme—sangs mair reason

Brither tae nane an fae tae mony
Easy tae anger an ill tae please
Lusts efter lassies—whenever they're bonnie
Loves his guid wife—whitever she says!

Daft on wards an saft on passion
Constant an faithfu—in his fashion.

MAN O KERIOTH

Man o Kerioth
Man o Springvalley
Follow me hame doun dowie weet wynds
Siller in pocket an maet in the wame o me
Timm is the saul
Barren the mind

Man o Kerioth
Man o Springvalley
The dagger is brokken, the sword been pit by
Still shairp is the lowe that brenns in the hert o me
Wersh the waement
Cursan the cry

Man o Kerioth
Man o Springvalley
There's a tree in this citie that'll dae for us baith
Bocht by the toun an nae need til purchase it
Easy the exit
Final the daith

Man o Kerioth
Man o Springvalley
Fushionless images are nae guid the day
Life is the judge an life the true punishment
Ugsome tae thole
Painfu tae pay

Man o Kerioth
Man o Springvalley
Pull free the fause spear that shatters yer thocht
Dowse the lourd lowe that connachs the guts o ye
Fear is forfochen
Wyceness is wrocht

Man o Kerioth
Man o Springvalley
Follow me hame bi brichter reuch roads
Siller is naethin, starvation maist durable
Sauls want salvation
Men need their godes.

AT A PAIRTY

We observe ane anither cannily owre
the rims o oor respective an separate
distinctions. We keek at
ane anither cautiously atween
the ragged ranges o the thochts
that divide us. For aa that
oor sibnesses are apparent.

Neither o us was invitit here
Baith o us were brocht
Me bi her. You bi him.
We licht oor cigarettes in unison
mind oor drinkan.
We speak when we're spoken tae
an smile when we're tellt.
Neither o us kens the hostess
Neither o us wants tae.

There can be nae touchan o hauns
  nae swappan o smiles.

The distance atween us is great
We try in mony weys tae maister it
Ye throw back yer heid in laughter
an I raise my voice in conversation
—only you dinnae ken my language
  an I dinnae get the joke.

There can be nae touchan o smiles
  nae swappan o hauns.

But aa guid things maun come tae an end
an the knock on the waa maks up its mind
tae thole this nonsense nae further.
Amang the fankle o coats an airms
for ane braithless instant oor shouders
brush, oor smiles touch an oor dreams kiss
in the daurk lobby o oor common want.

YE SAY "GLASS"

Ye say "glass"—an I ken whit ye mean
I think "gless"—but whit are you thinkan?
A lang strang table lies atween
the "glass" an the "gless" but naebody's drinkan!
    We're suppan thegither but missan the taste
    for ae single letter is double-glazed
I say "gless'—dae ye ken whit I mean?

I say "gless"—an look quick at yer een
"glass" ye think—but whit are ye sayin?
"glas" can be grey—or "glas" can be green*
Dae ye hear whit I think—ken whit I'm daein?
    Jist ae single letter is aa ye need
    tae chynge frae ane til anither leid
I say "glas"—dae ye ken whit I'm sayin?

Ye mean "glass"—an I ken whit I hear
I hear "glas"—but whit are ye sayin?
For aa the time that we're talkan here
aathin's heard but naethin's clear!
Is it "glass" ye mean—or "glas" or "gless"?
    Are ye tellan me "mair"?
    Are ye tellan me "less"?
Ye say "glass"
        "glass"
            "glass"
Dae ye ken whit ye're daein?

* "glas" in Gaelic can mean either.

HERETICS RANT

Gae fast an licht in the staur-daft nicht
caw back thon birlan moon
Pu back the paw
Pit oot the claw
        Bring it doun
            Bring it doun
                Bring it doun

Gae white an pure in the midnicht 'oor
sing a blyth an bonnie tune
Jig a lichtsome dance
Gie yer hert a chance
        Birl it roun
            Birl it roun
                Birl it roun

Gae loud an lang aa the streets alang
in this timm an orra toun
Let yer mind rin wud
It'll dae ye guid
        Turn it roun
            Turn it roun
                Turn it roun

Gae fou wi fun til ye see the sun
be a daft an donnert loon
Aye fill up yer cup
til the dawn comes up
        Drink it doun
            Drink it doun
                Drink it doun

Gae fast an licht in the staur-daft nicht
sing a blyth an bonnie tune
Let yer mind rin wud
It'll dae ye guid
        Drink it doun
            Drink it doun
                Drink it doun.

SEPTEMBER ELEGIE

Merk doun this place for I will come
again in September when my wark is dune
When the buik is shut an the sang is sung
  We'll meet again
An whether the battle's lost or won
  I'll tell ye then.

Merk doun this place an dinnae mind
on the sair-wrocht sairins that ye left behind
A hert like yours, sae guid an kind
  Nou needs its rest
An when I come, I ken I'll find
  Ye wi the best.

Merk doun this place for I maun ken
the road tae come when I meet ye then
an dinnae be fashed wi the "why" or "when"
  I will be there
An aa my sangs I'll sing again
  For ye tae hear.

O Merk doun, merk doun this bonnie place
that I maun yet yer spirit trace
an grasp thae hauns an kiss thon face
  I'll aye remember
An love—an ease—will be the case
  on *that* September.

MY AULD FLAMES

A Sang for Her Majestie

Ten tae one I wouldnae ken ye nou, Kate!
Aa slim an super!
          Nursan at Guy's
has wrocht wonders for yer figure
Knocked ye trim!

        (See, there's Isobel, trig an neat
         birlan the heids on Princes Street)

The mairrage warkan oot aaricht, Beth?
Hou mony bairns?
         Never fash aboot cash, hen
Gin they hae *his* hairns
they'll dae aaricht.

        (Wow, there's Sylvia, whit a figure!
         They dinnae mak them muckle bigger!)

An whit aboot you, my ain first love?
Where is it ye bide?
Ye've passed me aince or twice in Morninside
an never let on.

        (Hello there, Morag, we've had oor chances
         joukan up closes eftir dances!)

I've thocht aboot ye aa, my lasses
winched ye owre again
         A bing o bonnie talent
wastan awa on ither men!

        (I'm no carin. I hae my Jean
         See me?
        I mairried her. She's my quean)

DAFT JOCK

I hae seen Daft Jock at the librarie door
hingan aboot for an 'oor or more—
back an forrit, up an doun,
dying tae see but sweirt tae gang in.

He wants tae read—tae try for himsel
thae bonnie papers that lie on the shelf.
But when Gode wrocht Jock, He fairly slaistert
an readin's an airt Jock never maistert!

No that he's bothert. He disnae ettle
tae *unnerstaun* the wards. The gowk'd settle
for kennan—when haein a buik in his grup—
hou tae haud the damn thing the richt wey up!

Puir Jock! He doesnae want tae ken.
He'd jist be as happie tae pretend.
Wi a buik in his haun ye'd think Daft Jock
was jist as guid as ither folk.

Weel, gin he thinks that, he's shairly wrang
for I'm closer tae him than he thinks I am
          —at the sicht o your face my sanitie reels
          an my hert kens then hou Daft Jock feels

TWA PAIRTNERS

We gaed thegither tae the Plaza
an took twa pairtners
                    yours a gallus jyner
mine a cool lick o ice-cream
a bluid-reid slash o secretarie.

Yer jyner wesnae fashed
                    forsook the normal gambits
("Come here a lot?" wes oot the windae)
an wi a skeely haun
he socht tae plane awa the reuch edge
o yer last reservation an hammer hame
the haill pynt o his presence in the shair
an certain manner that is aye the merk
o a man o craft.

My secretarie's een tellt me
I could stert dictation ony minute I liked
Her speed was faster nor the next ane's
an she looked jist the type for turnan oot
as mony clean and capable carbon copies
as ony man could desire.

Came the end o the dance
we cam thegither
an fund oor pairtnership was every bit intact
Says you—
               "Ye maun hae been shorthandit!"
"That jyner's oot the boax!"
                        was aa I cracked.

WUD EEN

Wud wud wud were yer skinklan een
an ticht wes the grip on the haun ye held
het het het wes the skin ye felt
an dirlan the hert whaur yer licht had been.

Braw braw braw were yer shinan lips
an fulyie the clairt in the lust o my bluid
coorse coorse coorse were the thochts that I had
touched aff bi the warmth o yer fingertips.

Come come come said my gallus hert
an gie me that ghaist o a smile that ye wear
close close close I can see it there
on the edge o yer lips I can see it stert.

Och brek brek brek said the cut o my mind
an watch what ye're at wi a lassie like this!
Near near near is the suck o thon kiss
that'll hald ye for aye in the jile o the blind!

Sair sair sair wes the scowl that ye spak
begowkit the tone in the stamp yer fit stepped
an smug smug smug wes the hert that I kept
wi nae wards tae speak an nae wish for ye back.

Gone gone gone wes the lust frae my bluid
an free wes my hert frae the dicht o yer licht
cauld cauld cauld wes my saul in the nicht
an dull were the een that could never be wud.

HANGOVER

I waukent this mornin in the bleak
mid-winter o my youth wi the dagger
o yer memorie drivan doun
amang the broukit crannies o my hert
Ye hung owre me like a wraith.

An yet I mind ye nane
   onlie that yer reid wine slockent
   the sair drouth that was on me
   onlie that music was somehou wrocht
   frae the chaos o oor laughter
   onlie that the resolution o yer singan
   pit a smile o wae upon me
   onlie that I had neither fear nor thocht
   for the gallus greetan that cam after
when I turnt my hert tae stane.

Yet I waukent this mornin in the bleak
mid-winter o my youth an the mindin
o yer presence hung aa owre me like a wraith
An yet ye micht hae been a dream for aa I mind
hadnae ye hammert the merk o yer memorie
in a line o bruises aa alang my lips.

YOU'RE THE WORST

I move forrit twa steps
                 —an step back fower
something daft wi my feet
When I try tae rin
          I walk slower.

I drink an drink an feed my face
                 —but the gless
is never timm an syne I hunger
Something daft wi my bluidstream
                    I booze an booze
an jist get sober.

Books bumbaze me. In chapter seeven the murdert man
gets robbed bi the judge frae chapter wan
          Something daft wi the author!
When I find oot wha done it, it's no been done!
          No danger!

My warld's in a bourach, it's fairly curst
except for you
                 —an you're the worst!
When I come hame at nicht, it's a sair disgrace
Ye tell me ye love me—syne spit in my face!

EFTIR IT AA

Eftir the airgument, eftir the stushie
Eftir aa's been said
                    (an nocht's been meant)
Oor twaefauld speerit muves ootowre
        the drumlie gloamin o oor discontent

Nou is the time, nou is the moment
Wi aa tae be meant
                    (an nocht tae be said)
When oor hert's daft fears'll dee inside
        the love-biggit tomb wherein they're led

Love is haurd an love is hurtin
Love's a scunner
                    (tho whiles a treat!)
Wha's tae say whit love is or isnae?
        —an wha daur ettle at love's defeat?

Eftir the airgument, eftir the stushie
When aa's been brokken
                    (an aa's pit richt)
Oor twaefauld speerit rises tae seek
        the gem that kythes in oor hert's true licht.

SANG FOR AN ILL-CONSIDERT QUEAN

Whit wey dae I rhyme for you, my lass?
   Whit wey dae I rhyme for you?
Mandela bides in a cauld daurk cell
Solzhenitsyn's the same for aa we can tell
Onainda an Angela Davis as well
   sae whit wey should I rhyme for you?

Whit wey should I rhyme for you, my lass?
   Whit wey should I rhyme for you?
The Irish are singan their auld auld sang
Mahoun an the Yankees are gettan gey thrang
An Spain is still bossed by thon murderan gang
   sae whit wey dae I rhyme for you?

Whit wey dae I rhyme for you, my lass?
   Whit wey dae I rhyme for you?
Aa owre the warld it's aye the same
Man is man in nocht but name
A caunnel's worth their haill damn game
   sae I'll bide here and rhyme it
      for you.

THE TIME YE WERE SAE BRAW

Aw lassie, I hae seen ye
                comin doun the road at nicht
wi yer hair aa in a fankle
                an yer claes an unco sicht
I hae seen ye, I hae kent ye
                I hae turnt an looked awa
but I cannae tine the mindin
                o the time ye were sae braw.

For lassie, I hae kent ye
                lang lang syne in ither days
when ye dresst a wee thing better
                an ye walkt in ither ways
when yer voice sang like a lintie
                an yer een shone like the sun
Sic a blyth an bonnie lassie
                gart aa the laddies run!

An lassie, I can mind ye
                when ye took the waddin vow
when yer whiteness bleezed sae handsome
                an yer cheeks were aa alowe
When ye whispert yer acceptance
                in a voice sae douce an smaa
O my bonnie bonnie lassie!
                Sweetest flooer amang them aa!

Nou lassie, he has left ye
                for his hert was aye owre hyne
Yet the lovers wha hae sairved ye
                hae scarcely been sae kind
They hae bruised ye an misused ye
                they hae flung ye in disgrace
Made a midden o yer body!
                Made a desert o yer face!

Nou lassie, I staun near ye
                an I ken no whit tae say
for the wards I'd aince hae spoken
                winnae come tae me the day
Tho I watch ye an I want ye
                I maun turn an walk awa
But I cannae tine the mindin
                o the time ye were sae braw.

HAURD STANE

For William Neill

Haurd stane winnae crack
   Ding like hell, ye'll never make it
      Ding like hell, ye winnae break it
         Ding for aye, it'll ding ye back!

An haurd stane winnae move
   Heave like hell, ye winnae shift it
      Heave like hell, ye'll never lift it
         Stane aye bides haurder in its groove

Haurd stane aw haurd haurd stane
   Puggles the muscles
      an guddles the brain!
Say whit ye like, again an again
   Fowk cannae be daein
   wi haurd auld stane!

Aye, haurd stane's an awfy cratur
   Ye cannae break an cannae coup it
      Whiles tho . . . ye micht mebbe loup it
         Then, haurd or no, it disnae maitter.

SONNET FOR A BONNIE FECHTER

For Winifred Ewing

Maxton micht weel be deid an aa that gane
tae the mools o historie this while sinsyne
Ye're richt—it's us wha maun haud the line
an pit by aa oor clackan o him an Maclean.

A million wards I could set doun this nicht
tell owre an owre the auld done story
hou England has plundert auld Scotland's glory
—but you an me ken that that's no richt.

Och, a makar's wards can be braith—or reek
We've a fowth o wards an a fowth o mense
It's jist a peety whiles we hadnae mair sense
for an age can gang past in a Westminster week

No that ye need *my* wards tae speed ye alang
Bonnie fechters aye hae their ain sweet sang.

THE WINDS IN THE GLOAMING

For John Herdman

It is gloaming—gloaming an the rain will come
　　　　　　　the rain will come
　O this—an this muckle jist—we maun be siccar
　　　　　the gutters will gush wi the bluid o the earth.

Blaw, ye winds, blaw wi the fowth o yer micht
　　　Frae aa the airts come wi a guid rowth o virr
　　　Hap the heich hills in a brattle o smirr
Ding the touns haurd wi yer hammeran wecht!

Maist fowk wha bide here hae lauched lang in the sun
　　　socht their fause virtues, neglectit aa thocht
　　　pleyed bonnie wi pleisure, set wyceness at nocht
Their saft times an daft times are soon tae be done.

The clairt o oor cities, oor puirtith, oor pain
　　　are ill-done-tae realities, unmindit owre lang
　　　They'll vanish for aye in the wind's raucle sang
wud weirds washed awa bi the dicht o the rain.

Can it be, can it be, that the day's come at last
　　　that this land's tae be cleared for anither new morn?
　　　Will oor hame get remeid for the gree that it's born?
Or the storm be owre strang? Will it dee in the blast?

Whitever's tae come, be it howp, be it skaith
　　　I maun stand, tak its straik wi aa that I hae
　　　For this land is my land. This day is my day.
Gie it life, I tak life. Gie it daith, I tak daith.

It is gloaming—gloaming an the rain will come
　　　　　　　the rain will come
　O this—an this anaa—we maun be siccar
　　　　　a new day will weep at the wounds o the earth.

JAMES REID IN PRINCES STREET

Jist like ony man
Jist like ony ither man
on a fresh an sunny Setterday mornin
in November.

Naethin byordnar in his claes
Naethin byordnar in him
Haircuts like thon are the barber's breid an butter
an the fag atween his fingers
is the same brand as the ane
atween my lips.

Jist like ony man
Jist like ony ither man

He's got a wife, he's got bairns
Drinks wi his mates nae doot
Lives in a hoose
He's got a guid job an he'll fecht
like buggery
              til hing on til it.

Jist like ony man
Jist like ony ither man

The mornin's turnan snell but bidan sunny
an the pipe-band (this is Scotland)
is pleyin "Campbeltown Loch"
I dowp my fag an jyne a thoosan ithers
He passes withoot noticin
Tired een fu
o ravaged thocht.

Jist like ony man
Jist like ony ither man.

He's got worries
He's got problems
He's got responsibilities
He's got aa the legions
o justice, honour an humanitie
mairchin brawly at his back.

Jist like ony man
Jist like ony ither man.

FREEDOM FECHTERS

There's a war comin! cried the sodger *There's a war!*
an withoot me there ye'll no get very far
       Sae pit yer trust in me
              I'm the boy tae set ye free!
There's a war comin! cried the sodger *There's a war!*

There's a pest comin! cried the doctor *There's a pest!*
gin ye dinnae watch it'll get ye like the rest
       Sae pit yer trust in me
              I'm the boy tae set ye free!
There's a pest comin! cried the doctor *There's a pest!*

There's a trial comin! cried the lawyer *There's a trial!*
Gin we're sleekit, we can win it by a mile!
       Sae pit yer trust in me
              I'm the boy tae keep ye free!
There's a trial comin! cried the lawyer *There's a trial!*

There's The Day comin! cried the preacher *There's The Day!*
but ye'll jouk it gin ye'll jist dae whit I say!
       Sae pit yer trust in me
              I'm the boy tae set ye free!
There's The Day comin! cried the preacher *There's The Day!*

There's a crisis comin! cried the statesman *There's a crisis!*
and ye're gonnae need the cheil wha's ward's the wycest!
       Sae pit yer trust in me
              I'm the boy tae set ye free!
There's a crisis comin! cried the statesman *There's a crisis!*

There's a rhyme comin! cried the makar *There's a rhyme!*
an I'll get it gin ye'll gie me plenty time
       But they wadnae let him be
              an he had tae leave it free
There *was* a rhyme comin, grat the makar, there *was* a rhyme!

HOMILY

Nae doot, my son, as time gaes by
ye'll hae the kin o memories I
hae nou—an like mysel ye'll mind
on days gaun past an deid langsyne
when smells an soonds an sichts in the street
'll gar ye lauch or shiver or greet
An ye'll think that things a laddie did then
are aa done an can never return again.

An mebbe ye'll smile or blush or spit
or mebbe no tak ony tent o it
but gin ye dae that, son, ye'll no be wyce
sae jist bide an tak thocht o yer faither's advice
The past micht be past but it's never deid
while it lives as a memorie in yer heid
Aye treasure yer pleasures an mind yer mistakes
It'll cost ye nae mair than a wheen hertaches!

THE REST O THE DAY'S YER AIN

Sae braw sae braw
the job owre, I staun back an gloat
"A guid ane this" I think tae masel
dichtan my hauns an smilan

Sae braw sae braw
the day's darg done, I tak my rest
"A teuch ane this" I say tae mysel
lichtan a fag an soughan

Sae braw sae braw
fair done-in, I lie back an gant
"A haurd ane this" I comfort mysel
shuttan my een an sleepan.

THE LANG DAURK NICHT

O wha's the fule tae scrieve an scrieve
the lang daurk nicht wyce cheils believe
should aye be kept shut dumb in bed
an cannae be written (faur less read)
wyce cheils wha scrieve the short bricht day
an thole their thowless lives away
ablow thon bricht an thunderan sun
lauchan at fules that are never done
raxan an gantan an fechtan for sicht
as they ettle tae capture the rapture o nicht.

The nicht is hardie, the nicht endures
but the day crottles fast as the skin on done hures
The sun has its thunder, gaes under at last
an naebody murns for the day that is past
binna the wyce cheil whase pen has run dry
an nou he maun bide a haill nicht tae gang by.
As he dies in his bed til the day comes again
the fule has the nicht on the pynt o his pen.

The nicht is michty, but no immortal
an syne licht's blinteran at its portal.
As the fule taks his rest at the sicht o the dawn
the wyce cheil rises, sodgers on
—an the fule has onlie the short bricht day
tae sleep an keep his life at bay.

Aye whaur's the fule wi hert sae skite
that socht the lang daurk nicht tae write?
An whaur's the cheil that kent it best?
Did the short bricht day lay him tae rest?
Did the fule ever get the daurk nicht scriven?
Did the wyce cheil ever win tae hevin?
Did the lang daurk nicht an the short bricht day
ever mell thegither an mak plain grey
o a warld weel-contentit wi cheils an fules
wi reapers an sleepers an keepers o rules?

FOU ON SANG

(A Sang for Sober Singers)

Fou on sang, I'd heard them say
so I cam tae hear her sing an play
but I'll tell ye this—there's somethin wrang
                (no in the singer, no in the sang)
but something in me that I cannae see
cannae pit my finger on it.

Fou on sang that's whit they say
an it's fine tae hear her sing an play
but I'm shair o this—there's somethin wrang
                (no in the singer, no in the sang)
Och I try tae lissen tae hear whit's missin
but I dinnae ken whit's done it.

Somethin wrang, there's somethin wrang
No in the singer and no in the sang . . .
            . . . but here, haud on, I've got it nou!
             It's no the singer, but me that's fou!

Fou on sang, aw Mercy me!
That's the way for a man tae be!
An ye maun ken this, there's naethin wrang
(no in the singer, no in the sang)
when a man gets fou like I am nou
when the wards an tune
fairly birl aroun
               when the hert an voice
               leave him wi nae choice
but tae sing an clap
let his fingers snap
              Ach, there's naethin wrang
             when ye sing alang
          wi a richt guid singer
          in a richt guid sang
      Ye can stake yer conscience on it!

41

ELEGIE FOR VLADIMIR

(Vladimir Mayakovsky 1893-1930)

It is aa owre
          yer heid is turnt awa
tae the cauld stane o historie
              an a shroud
haps ye tae the chowks.
The new sark has been weel chosen.

The auld has been cast by
amang the rags an tatters
o a sair frustratit cause.

          The boat (ye thocht)
had shipped owre muckle sea
            an roulette
in the Lubyansky Passage maun be a cannier gemme
than ettlan tae cheat *thae* raucle waves.
              I jalouse
ye kent a puckle mair o the moldin o daith
nor Sergei Esenin did.

Forty years hae passed an nae changes
tae speak o—forby the fact that yer comrades
nou can tell the difference
atween fur-lined brassieres
            an aristocratic bunnets.

Technological advance is a wonderful thing.

Kirsanov an Aseyev dried their een.
          Stalin
made the usual gesture
> *"Mayakovsky was and remains the most talented*
> *poet of our glorious Soviet epoch. Indifference*
> *to his work and to his memory is a crime"*

An the clever Robs and the curly Bobs are wi us yet
twangan their guitars
          when naebody's listenan.

Onlie Boris never learnt
tae leave thon corner. He kent owre weel
that yer verse was crackan
                        the mountain-chains
o centuries an that aa
                        the committees o creation
could never gar ye set
yer heel in the thrapple
                        o yer ain
triumphall sang.

THE USUAL THING

(Eftir the Russian o Vladimir Mayakovsky)

Aa men born o weemen hae the richt
tae love—but ye aa ken weel the wey o't.
Fashed wi yer wark, the need for wages
an ither trauchles, the hert maun haurden.
It's no enough that the hert has tae bide
in a body, the body has tae hae a sark
an tae croun it aa
some nutter had tae go an invent ticht collars!
An nou aathing is confoundit an stuck up
wi stairch—stairch on the sark an the body
Stairch on the hert.

It's jist the usual thing. Fowk get on.
Weemen pent their faces an bind their hips.
Men turnan forfy fatten an syne tak up
the sair-wrocht darg o physical jerks.
But it's aa owre late.
Muscle maun moulder an skin maun greet.
An love can flooer an flooer an flooer
for aa it's warth
                        —in the end it's beat.

CRUIVIE AN GILSANQHAR

"It's gey and hard wark coupin' gless for gless
Wi' Cruivie and Gilsanqhar and the like"
— HUGH MACDIARMID,
A Drunk Man Looks at the Thistle.

When Friday nichts are wearan late
ye'll see auld Cruivie at his seat
bleth'ran awa in an awfy state
        anent the richts o Man
Gilsanqhar there beside him sits
an gies as brawly as he gets
states the case for his shoppie's yetts
        in Gode's triumphall plan.

An when it comes tae ten o'clock
baith cronies bide when ither folk
are haudan hame wi cans in poke
        tae celebrate the nicht
At howdumbdeid they're natteran still
an jougan awa on illickit yill
No for *thaim* tae be fou on a hill
        ablow the braw munelicht!

Naw, they've wechtier maitters tae consider
nor staurlicht or ditches or thistles or heather
"Is it no a fac' that man is Man's brither?
        It says it in Burns!"
An whit Burns says they ken richt weel
is warth faur mair than whit ony chiel
MacDiarmid—or even his brither, the deil
        in vanity spurns.

Weel, that's whit ye'll hear auld Cruivie say
Gilsanqhar pits it anither way
"The time's tae come—but no the day!
        That's Rabbie's thocht!
An the fooziest sang he'd ever scrieve
I wad tak tae my hert an aye believe
was sweeter by faur than ony that *Grieve*
        has ever wrocht!"

When Setterday's sun syne pits them oot
they haud for hame wi little doot
that the nicht's lang speak has "borne great fruit"
                    atween them baith.
An heich on the hill, the drunk man grins
fingers his thrapple an syne begins
anither day's fecht wi thae donnert twins
                    an their livin daith.

ANTHEM O THE UNCO GUID

"We are the People, we're the braw boys
Beluvit o Gode, His ain guid choice
Sing it wi virr, gie it aa yer voice!
                    We are the People!
                    Rejoice! Rejoice!

We are the People, whitever ye say
Wi Gode on oor side, we ken the richt way
Wi Gode on oor side—whitever we dae
                    We are the People!
                    Hurray! Hurray!

We are the People, we hae nae sin
We staun unitit, we're kith an kin
Let oor enemies come, we'll gar them rin
                    We are the People!
                    We'll win! We'll win!

We are the People an fine we ken
That ane o us 's warth mair than ten
o *ony* communion o *ither* men
                    We are the People!
                    Amen. Amen."

45

BANGLA DESH

Experience is aa
I cannae greet for ocht that I can thole
The cauld-corp hairst o Bangla Desh
ruggs at my logic—but logic
drives the conscience, no the hert.

I canna greet for Bangla Desh

I can sign petitions, scrieve letters
tae the papers, drap a bob or twa
intae the collectin-tin, gie the vee
tae visitan cricketers . . .
    I can dae aa that—but
        I canna greet for Bangla Desh.

Forby, why should I?
Whit wad they dae wi my tears?

They hae plenty o their ain.

LAZARUS ALIVE

Speir me no the nature o the wound I cairry
that grups me ticht an haps me like a wraith
I cannae tell ye ocht—I cannae ease yer worry
anent the mysteries an miseries o life an daith.

This much I'll say an say nae ither
It's a waste o time for livin men tae strive
tae unnerstaun the state o daith—an buitless aathegither
for lang-deid men tae mind o bein alive.

Sae speir me no the nature o this wound I cairry
This unco pain is mine an mine alane
an tho I thole it ill, ye hae nae need tae worry
Speir no the nature o *my* wound
                —tak tent yer ain!

VIETNAM ON MY MIND

Gaun doun one Sunday tae the back-green
tae tak her washin in, my wife was raped
up the back-passage by an unseen
unkent sex-maniac wha'd seeminly escaped
frae some near-haun loony-bin or ither

My puir wee laddie, worrit for his mither
rushed tae the windae when he heard her yell
an, raxan up, managed fine tae lowse the sneck
but in the lowsan tint his balance an syne fell
the full fifteen feet—an aa but broke his neck!

Loupan tae my feet when I heard the crash
o my son's body bringan baith o us tae earth
I gaed owre tae the windae an heard the sair stramash
o my lassie screaman "Murder!!!!!"
                           for aa that she was warth. . . .

An I jaloused that (aiblins) I'd neglectit my ain kind
sittan at the fireside—wi Vietnam on my mind.

COMMUNION AT DUNKIRK

Nae fear o daith on land or watter
as much as touched their weel-wrocht
militarie minds
    They had been trained.
Daith was a pairt o life
    tae be expectit ony minute.

Naw, it wasnae fear—but crammassie thochts
o whit they an aa mankind had done
the thowless guddle
they had been pairt o an permittit
crammassie thochts that turnt
their thrapples tae clairt
an the scunneran knowledge
that nane o it was feenisht yet.

An sae they hunkert sullen in the sand
Jock, Big Wullie, Dod an Eck an aa
thae ither blokes ye wad hae thocht
tae be mair at hame at Ibrox or Tynecastle
watchan a gemme faur raither
than takin the leading pairt in ane
o the maist fushionless ever played
an fairly gettan a hammeran anaa.

Backs til the sea they listened
til the minister seekan Christ amang
the black damnation o their daurkest 'oor
seekan Christ
    Christ an their salvation
frae rain an muck an sea an Hitler's pooer.

"Whaur twa or three thegither are gaithert
in my name . . . "—but there were thoosans!
An little wine or breid for them tae shaw!
The minister wasnae ettlan for a miracle
He had his hip-flask wi him jist
His hip-flask—that's aa.

Was it onlie that there thochts were aa disjaskit?
Was it jist that there was little left tae dae?
When they saw thon wee ship hyst owre the horizon
they rose—an tuik the road til Normandie

ANDRO MELVILLE

Andro Melville is alive an well
That strang wee man wham neither politician, king
nor historie
> *can quell.*

The Kirk the day is haurdly fit for heroes
when douceness aye comes first an smeddum last
Ministers like zombies, elders less nor zeroes
An principle? Jist somethin in the past!

But Andro Melville is alive an well
That strang wee man wham neither politician, king
nor historie
> *can quell.*

Maister Andro's bidan in the midst o things
Tho spitefu tongues lowe green aroun his feet
his fearless voice aye loudly, proudly, steady rings
His wards are heard. He'll no be beat.

For Andro Melville is alive an well
That strang wee man wham neither politician, king
nor historie
> *can quell.*

Maister Andro's bidan whaur the action is
Richt weel he kens the dingan dunt o state
He's ready, haurd an heavy whaur reaction is
He's neither sweirt nor feart—an never blate.

An Andro Melville is alive an well
That strang wee man wham neither politician, king
nor historie
> *can quell.*

An there's younger, baulder spirits gaun aboot
wha ken the truth an winnae be denied
While man is man tae man, they winnae bide withoot
They daurnae doucely watch an staun aside.

Wi Andro Melville they're alive an well
Thae strang young men wham neither politicians, kirks
nor historie
> *will ever quell.*

49

BURNAN DAYLICHT

Daylicht is burnan as the warld birls alang
an my life rattles by in the dicht o its sang
       I daurna gang cannily
       I daurna be blate
For daylicht is burnan an I canna wait.

Daylicht is burnan as I traivel on
Wi a guid step tae tak on the road that I'm on
       Nae time tae gang warily
       Nae time tae tak tent
Wi daylicht aye burnan, my time's bein spent

Daylicht is burnan an soon will be gone
wi little tae shaw for the wark that I've done
       I canna sup merrily
       an feed my desire
For nicht's no far aff an the day is on fire.

I AM THE BOY

And our world turns hugely
a lumbering wheel in the afternoon's
blue grasp. Our sticky fingers touch
and my heart heaves
its virgin swelling in our child's retreat.

> *Oh I am the boy who plays your games*
> *and dares your dares and calls you names*
> *the boy who makes you squeal and fight*
> *who grabs your hair and pulls it tight*
> *who makes you laugh and makes you cry*
> *I am the boy who fills your sky!*
> *I am the boy who beats your drum*
> *I am the boy who nips your bum*
> *I am the boy who's very rude*
> *I am the boy you meet in the wood*
> *the boy the boy the boy the boy*
> *who breaks your heart and gives you joy*
> *the boy you love*
> *the boy you hate*
> *who's always there but always late*
> *the boy you want*
> *the boy you get*
> *who makes you sing and makes you sweat*
> *the boy who leaves your heart in flames*
> *when he dares your dares and plays your games*

And our world turns slow
and sunny as the days waste
and our sticky fingers grapple
My heart heaves and your lips taste strange
so strangely . . .
. . . like an apple?

AT THE BEGINNING

Here at the beginning
                    before light
                    before sound
                    before touch
Here at the beginning
                    before darkness
                    before movement
                    before fear
Here at the beginning
                    before happiness
                    before sorrow
                    before pain
Here at the beginning before there is much more
than a mere awareness of being
Here at the beginning there is you you you
moving around me and through the meagre capacity
that is I myself.

We lie together hushed
this tiny while before
the waters break and send
us spinning anxious
rushed away
from this eternal pregnant
dark. Together now
too soon we break
too soon forget that Eden never
saw us and for this little
little while we are aware of it
(before bone and blood become too strong
for us to take) our spirits weakly wage
a battle that the best in us will break.

All innocence is ended.
After this beginning we'll create
the lies and fantasies that hide
our guilt at never
having been to Eden, never
having seen the bounds that heaven
set on all our kind.
Bereft of space, short on time
here at the very beginning
our spirits split and separate
Too soon too soon (and less than innocent)
we wake.

AFTERMATH

Did I go too near—or stay
too far away? So difficult to judge
the space, still more to understand
and hold it. Agonies in me created
tears in you—and your agonies repeated
agonies, replenished and multiplied
the space, filled it out into a fat
and swollen gap that held
a population of brimming, swimming tears.

Still I return. I return at night.
When the last ferret of worry has gone
to ground, I come home to an aching door
and a dying fireside—and you, weary
and gentle in the gloaming, fold the day
to sleep in the undemanding warmth
of your arms. This is the time when speech
is not in favour, this is the time
when we forget the empty wasted
angry words, the quarrels and the fears.
Here for a sanctified instant
our thought mingles and becomes
the one and only lasting reality.

And then, my love, comes the night
to write our silence on its greedy black reams.

CAITHNESS TRIPTYCH

SONG FOR MY GRANDFATHER

You broke the rocks, old man, broke them
in the heat of day, pausing only
to put a new-made poem astride the wind
another spendthrift lay.

Old man, you robbed the coast.

You broke the rocks, old man, swung your hammer
smashed them up in tune with time
until the wine of sorrow filled your cup
of silent masonry full to the brim
chilled your muse
       —and locked your verses in.

You watched your children grow grey.

And as your fingers climbed the shaft
you felt the verses leave your heart.
You felt a bitter rumble start.
A thousand rhymes seemed to die a death
in the time a man takes to draw a breath
but you never heard that discordant song
       —just swung your hammer all day long.

And you broke the rocks.

And at last supple fingers came to snatch
away your hammer, kill your tongue, latch
up your dreams, put out your lamp.
That was the end of your hammer's schemes
       —buttoned down snug with a dapper stamp.

You broke the rocks, old man, in tune with time
if not with mirth.
But you can't break verses, can't break rhymes
       —they could climb
           down with your spirit
               into the earth.

A MEMORY OF A MORNING
IN MEMORIAM
HUGH CORMACK MACKENZIE

He was a big man, big as my pride
to be standing there
beside him at the harbour wall
that sunny morning, watching the boats
getting ready to go.

He felt sad watching them, I could tell
by the look in his eye, the nervous way
he jingled his change in his pocket
and the gruff tone
in his voice as he said "Come on!"

He wasn't talking to me

We started to dander, skirting the boats
past the harbour, up the hill
where countless women have watched
and prayed on countless mornings in every age.
And do still.

We reached the summit and he stopped.
Just for a moment, you know, to catch
his breath and clear his throat.
Smiling, he suddenly
(as if awaking) laughed and ruffled my hair.

He took my hand.

He was going away—to St Andrew's, I thought
to teach the students how to spell.
But he never came back, not after that day
and—I suppose—it was just as well.

This house is broken now.
It stands on the aching earth
like some old dead tooth.

And yet one still might know that once
this was a home. The crooked old staircase
grins lovingly enough and, of course,
the front-door has no lock.

Over by the hearth, the ghosts are patiently
seated in the marks
of warmth-hugging chairs as the crumbling
spectres of peat-cooked meals crackle
in the rejoicing flames. There
in the burnt-out grate, an old charred newspaper
has somehow become fastened to the stone
—clinging to its time and fearing history.

It is very cold.
I kneel and light a cigarette
—for company.

From over the brae I hear sounds coming.
Men working hard, drills and hammers
sounding the music of war
without the passion.

I know that I am as alone and broken as this house
and that I have no tongue in my head
to protest, no skill in my hands
to build, no plurality in myself
to multiply—and yet
knowing all this I can sit
smoking away among all this emptiness

Uncleared